Cake pops

Stéphanie Bulteau

Photographies Amélie Roche

Stylisme Alexia Janny

SOLAR EDITIONS

Pour vous aider à choisir vos recettes, des indications de coût et difficulté vous sont données pour chacune :

Facile	🍳	Économique	€
Moyen	🍳🍳	Moyen	€€
Plus difficile	🍳🍳🍳	Plus cher	€€€

Pour mon « petit chef » adoré !

Direction éditoriale : Corinne Cesano
Édition : Delphine Depras et Candice Roger
Direction artistique : Vu Thi
Graphisme et suivi artistique : Julia Philipps
Mise en page : APS/Chromostyle
Photogravure : APS/Chromostyle
Fabrication : Laurence Ledru-Duboscq

ISBN : 978-2-263-06055-7
Code éditeur : S06055
Dépôt légal : mars 2013
Imprimé en France par Pollina - L63684

Solar | un département place des éditeurs

Sommaire

Introduction

Les cake pops, c'est de la pure gourmandise en bâtonnets ! Ces adorables petits gâteaux enrobés de chocolat et présentés sous forme de sucettes nous arrivent tout droit des États-Unis… Un vrai délice pour les yeux comme pour les papilles !
S'ils sont à croquer avec leur décoration aguichante, qu'elle soit simple, raffinée ou plus amusante et colorée, ils créent également la surprise avec leur cœur moelleux et leurs saveurs intenses.
Sublimes friandises à savourer entre amies avec un thé, bouchées à servir avec le café ou dans un café gourmand, desserts originaux, décors à piquer sur un gâteau de fête, cadeaux de table, les cake pops s'invitent partout et sont les nouvelles stars des « parties », buffets ou soirées !
Avec leurs frimousses rigolotes, ils font craquer les enfants et feront sensation lors d'un goûter d'anniversaire. Ils sont également parfaits pour un atelier créatif, car les jeunes gourmands adorent créer de leurs petites mains ces sucettes irrésistibles !
Faire des cake pops est un jeu d'enfant, aussi facile que ludique ! Seule organisation à prévoir : préparer gâteaux et pâtes à tartiner la veille. Ensuite, c'est du gâteau : émietter, mélanger, rouler et enrober !
Enfin, laissez libre cours à votre imagination, intervertissez saveurs et glaçages, customisez-les à l'infini et soignez vos présentoirs : verres garnis de bonbons, de billes ou de rubans, paniers, boîtes ou sachets à offrir… Et comme disent les Américains : « *Have fun !* »

Cake pops' party, technique & tour de main

Pour 40 cake pops
Préparation : 55 min
Cuisson : 10 min
Réfrigération : 4 h

450 g de quatre-quarts (recette p. 62)

180 g de mascarpone

10 g de sucre glace

220 g de Nutella®

120 g de chocolat noir

120 g de chocolat blanc

3 cuill. à café d'huile neutre

40 bâtons de sucettes

Pour le décor

Vermicelles bruns au chocolat, sucre cristal et perles croustillantes blanches et noires en chocolat

- Émiettez finement 225 g de quatre-quarts entre vos doigts. Ajoutez le mascarpone et le sucre glace. Mélangez intimement à la cuillère en bois, puis avec les mains jusqu'à ce que la texture soit bien homogène.
- Façonnez 20 boules de la taille d'une noix : prélevez un peu de pâte, pressez-la d'une main sur l'autre 2 à 3 fois pour bien l'amalgamer et roulez-la entre vos paumes jusqu'à obtenir une boule lisse et régulière. Posez les boules sur une plaque garnie de papier sulfurisé et réfrigérez 1 heure.
- Émiettez les 225 g de gâteau restant. Incorporez le Nutella® peu à peu, puis écrasez la préparation entre vos doigts pour avoir une pâte brune homogène. Formez 20 boules et réfrigérez-les également 1 heure.
- Mettez le chocolat noir et 1,5 cuillerée à café d'huile dans un bol étroit ou dans un verre, placez celui-ci dans une casserole d'eau chaude et faites ainsi fondre le chocolat au bain-marie. Trempez le bout de 20 bâtons de sucettes dans le chocolat (sur 1 cm), piquez chacun dans une boule blanche et laissez durcir 5 minutes.
- Plongez ces boules dans le chocolat noir pour les enrober uniformément. Laissez bien couler l'excédent en tapotant sur les sucettes et piquez-les sur un support (bloc de polystyrène recouvert d'aluminium, présentoir cartonné…). Maintenez le chocolat au bain-marie pendant toute l'opération pour qu'il reste fluide. Au fur et à mesure, parsemez certaines boules de vermicelles, collez des perles blanches sur d'autres et laissez certaines sans décor.
- De la même façon, faites fondre au bain-marie le chocolat blanc avec 1,5 cuillerée à café d'huile. Trempez-y le bout de 20 bâtons de sucettes, piquez-les dans les boules noires et laissez durcir 5 minutes. Enrobez les boules noires de chocolat blanc suivant la technique précédente. Parsemez certaines boules de vermicelles, d'autres de sucre cristal, collez des perles noires sur certaines et laissez-en d'autres sans décor. Réfrigérez les sucettes 2 heures avant de les croquer.

Petit + *Présentez les cake pops piqués sur un joli support ou dans des verres remplis de perles en chocolat, ou piquez-les sur un gâteau d'anniversaire.*

Cake pops rouge velours

Pour 28 cake pops
Préparation : 40 min
Cuisson : 30 à 35 min
Réfrigération : 3 h

1 gros œuf

15 cl de lait ribot

120 g de fromage Philadelphia®

150 g de farine

150 g de sucre en poudre

300 g de chocolat blanc

½ cuill. à café de bicarbonate de soude

1 cuill. à soupe rase de cacao amer en poudre (non sucré)

½ cuill. à café d'extrait de vanille liquide

1 pipette de colorant alimentaire rouge

1 cuill. à café de vinaigre blanc

5 cl d'huile neutre + 3 cuill. à café

½ cuill. à café de sel

Beurre pour le moule

28 bâtons de sucettes

Pour le décor

Mini-billes blanches et multicolores en sucre

• Préchauffez le four à 180 °C (th. 6). Battez l'œuf au fouet, puis incorporez 5 cl d'huile, le lait ribot, le vinaigre, la vanille et le colorant. Mélangez la farine, le sucre, le cacao, le sel et le bicarbonate. Faites un puits et versez-y la pâte rouge. Au fouet, mélangez à partir du centre en mouvements circulaires, puis battez vivement jusqu'à obtenir une pâte lisse et homogène.

• Versez-la dans un moule à manqué beurré de 20 cm de diamètre et enfournez 25 à 30 minutes. La lame d'un couteau doit ressortir sèche. Laissez totalement refroidir.

• Émiettez le gâteau entre vos doigts. Ajoutez le Philadelphia® et malaxez entre vos doigts jusqu'à obtenir une pâte homogène. Entre vos paumes, formez 28 boules bien rondes de la taille d'une noix et posez-les sur une plaque garnie de papier sulfurisé. Réfrigérez 1 heure.

• Faites fondre au bain-marie, dans un bol étroit, le chocolat avec 3 cuillerées à café d'huile. Trempez-y le bout des bâtons de sucettes, piquez-les dans les boules et laissez durcir 5 minutes.

• Plongez les boules dans le chocolat pour les enrober (maintenez-le au bain-marie pendant toute l'opération). Laissez couler l'excédent en tapotant sur les sucettes, saupoudrez-les généreusement de mini-billes pour les recouvrir entièrement (certaines de billes blanches et d'autres de billes multicolores) et piquez-les sur un support. Réfrigérez-les 2 heures avant de les déguster.

Petit + *Pour réaliser ce gâteau typiquement américain, le* red velvet cake, *vous trouverez le lait ribot (lait fermenté) au rayon frais des supermarchés. À défaut, mélangez 75 g de yaourt brassé et 7,5 cl de lait demi-écrémé pour obtenir 15 cl de lait ribot maison.*

Brownie pops

Pour 24 cake pops
Préparation : 40 min
Cuisson : 20 à 22 min
Réfrigération : 2 h
Repos : 3 h

2 œufs

120 g de beurre doux

50 g de beurre demi-sel

60 g de farine

100 g de sucre en poudre

300 g de chocolat noir

70 g de noix de pécan

1 pincée de sel

24 bâtons de sucettes

Pour le décor

Un mélange de mini-cœurs rouges, blancs et roses en sucre

- Au bain-marie, faites fondre 100 g de chocolat avec le beurre doux. Au fouet, battez vivement les œufs et le sucre. Incorporez le chocolat fondu, puis la farine tamisée, le sel et les noix grossièrement concassées au couteau, en mélangeant à chaque ajout.
- Préchauffez le four à 180 °C (th. 6). Versez la pâte dans un moule à manqué de 20 cm de diamètre garni de papier sulfurisé et enfournez 10 à 12 minutes. Surveillez la cuisson : le brownie doit être encore mou à cœur. Hors du four, laissez-le totalement refroidir dans le moule.
- Émiettez le brownie et malaxez-le bien entre vos doigts pour obtenir un mélange homogène (le cœur ultra-moelleux va faire le liant avec les bords plus cuits). Entre vos paumes, façonnez 24 boules bien rondes de la taille d'une noix et posez-les sur une plaque garnie de papier sulfurisé. Réfrigérez 2 heures.
- Faites fondre au bain-marie dans un bol étroit ou un verre 200 g de chocolat avec le beurre demi-sel. Trempez-y le bout des bâtons de sucettes, piquez-les dans les boules et laissez durcir 5 minutes.
- Plongez les boules dans le chocolat pour les enrober (maintenez-le au bain-marie pendant toute l'opération). Laissez couler l'excédent en tapotant sur les sucettes, saupoudrez-les de quelques mini-cœurs et piquez-les sur un support. Réservez 3 heures dans un endroit frais avant de déguster les brownie pops.

Petit + *Remplacez les noix de pécan par des amandes, des noisettes, des pistaches, des noix de cajou et même des petits dés de fruits secs (figues, raisins, cranberries).*

Coffee pops

Pour 24 cake pops
Préparation : 40 min
Cuisson : 15 min
Réfrigération : 3 h
Repos : 5 h

320 g de gâteau au yaourt (recette p. 62)

10 cl de crème liquide entière

220 g de chocolat blanc

100 g de chocolat noir

15 g de Ricoré® (café soluble) + 1 bonne pincée

Noix de coco râpée ou en copeaux

2 cuill. à café d'huile neutre

24 bâtons de sucettes

- Portez à ébullition la crème avec 12 g de Ricoré®. Versez-la sur 120 g de chocolat blanc haché et laissez fondre. Lissez le chocolat et laissez épaissir la ganache 5 heures à température ambiante.

- Émiettez finement le gâteau entre vos doigts. Ajoutez 3 g de Ricoré®, la ganache et mélangez intimement à la cuillère en bois. Puis écrasez la préparation entre vos doigts jusqu'à obtenir une pâte homogène. Entre vos paumes, formez 24 boules bien rondes de la taille d'une noix et posez-les sur une plaque garnie de papier sulfurisé. Réfrigérez 1 heure.

- Faites fondre au bain-marie, dans un petit bol étroit ou un verre, 100 g de chocolat blanc avec 1 cuillerée à café d'huile. Trempez-y le bout de 12 bâtons de sucettes, piquez-les dans les boules et laissez durcir 5 minutes.

- Plongez les boules dans le chocolat blanc pour les enrober (maintenez-le au bain-marie pendant toute l'opération). Laissez couler l'excédent en tapotant sur les sucettes, parsemez uniformément de noix de coco et piquez-les sur un support.

- De la même façon, faites fondre au bain-marie le chocolat noir avec 1 cuillerée à café d'huile et la pincée de Ricoré®. Trempez-y le bout de 12 bâtons de sucettes, piquez-les dans les boules restantes et laissez durcir 5 minutes. Enrobez les boules de chocolat noir, parsemez de noix de coco et piquez-les sur le support. Réservez toutes les sucettes 2 heures au réfrigérateur.

- Servez ces petites gourmandises en accompagnement du café.

Petit + *Les amateurs de saveurs corsées pourront parfumer le gâteau au yaourt avec du café soluble.*

Shortbread pops au caramel

Pour 24 cake pops
Préparation : 45 min
Congélation : 5 min
Cuisson : 40 à 45 min
Réfrigération : 6 h

135 g de beurre demi-sel mou

40 g de fromage à tartiner (St Môret® ou Philadelphia®)

24 cl de crème liquide entière

200 g de farine

250 g de sucre en poudre

200 g de chocolat noir

1 cuill. à café d'extrait de vanille liquide

Vermicelles bruns au chocolat

2 cuill. à café d'huile neutre

24 bâtons de sucettes

• Faites fondre 180 g de sucre dans une casserole large. Lorsque le caramel est liquide et brun clair, ajoutez la crème ; il se durcit. Laissez-le se dissoudre à feu doux en remuant jusqu'à obtenir une sauce fluide. Réfrigérez 3 heures. Le caramel doit être très épais.

• Travaillez le beurre avec 70 g de sucre. Incorporez la vanille et la farine. Mélangez, puis pétrissez 2 minutes entre vos mains. Formez une boule et réfrigérez-la 30 minutes. Étalez la pâte sur du papier sulfurisé, sur une épaisseur de 1 cm. Découpez des rectangles (2 cm x 7 cm) avec un couteau et posez-les sur la plaque du four garnie de papier sulfurisé. Réfrigérez 15 minutes.

• Préchauffez le four à 150 °C (th. 5). Piquez les shortbreads avec les dents d'une fourchette et enfournez 20 à 25 minutes. Laissez totalement refroidir.

• Mixez les shortbreads en gardant toutefois quelques petits morceaux. À la cuillère en bois, incorporez-leur 160 g de caramel et le fromage. Mélangez intimement jusqu'à obtenir une pâte homogène. Entre vos paumes, formez 24 boules de la taille d'une noix, posez-les sur une plaque garnie de papier sulfurisé et réfrigérez 1 heure.

• Faites fondre au bain-marie, dans un bol étroit ou un verre, le chocolat avec 120 g de caramel et l'huile. Trempez-y le bout des bâtons de sucettes, piquez-les dans les boules et placez 5 minutes au congélateur.

• Plongez les boules dans le glaçage pour les enrober (maintenez-le au bain-marie pendant l'opération). Laissez couler l'excédent en tapotant sur les sucettes, saupoudrez-les généreusement de vermicelles pour les recouvrir entièrement et piquez-les sur un support. Réfrigérez-les 2 heures avant de les déguster.

Petit + *À la fin du repas, servis avec le café, ces cake pops au caramel et au beurre salé remplacent le dessert avec panache ! Les shortbreads sont des petits sablés anglais.*

Cake pops tiramisu

Pour 12 cake pops
Préparation : 25 min
Cuisson : 10 min
Réfrigération : 3 h 30

- 140 g de biscuits à la cuillère (recette p. 62)
- 50 g de beurre
- 80 g de mascarpone
- 10 g de sucre glace
- 200 g de chocolat blanc
- 1,5 cuill. à café rase de Ricoré® (café soluble)
- 12 grains de café au chocolat
- 4 cl d'amaretto aux amandes
- 1 cuill. à café d'huile neutre
- 12 bâtons de sucettes

• Émiettez finement les biscuits entre vos doigts. Incorporez le mascarpone, le sucre et l'amaretto, puis écrasez légèrement la préparation entre vos doigts jusqu'à obtenir une pâte homogène. Entre vos paumes, formez 12 boules bien rondes de la taille d'une noix et posez-les sur une plaque garnie de papier sulfurisé. Réfrigérez 1 heure.

• Faites fondre au bain-marie, dans un petit bol étroit ou un verre, le beurre avec 1 cuillerée à café rase de Ricoré®. Ajoutez 120 g de chocolat, laissez fondre et mélangez bien. Trempez-y le bout des bâtons de sucettes, piquez-les dans les boules et laissez durcir 5 minutes.

• Plongez les boules dans ce glaçage pour les enrober et laissez couler l'excédent en tapotant sur les sucettes. Répétez l'opération une deuxième fois, puis piquez les sucettes sur un support. Maintenez le glaçage au bain-marie pendant toute cette étape. Laissez durcir 30 minutes au réfrigérateur.

• De la même façon, faites fondre au bain-marie 80 g de chocolat avec l'huile et ½ cuillerée à café rase de Ricoré®. Mélangez. Le glaçage est ivoire avec des mini-points marron.

• Suivant la technique précédente, enrobez les boules de ce glaçage, certaines entièrement et d'autres jusqu'à la moitié (de façon à voir les deux couleurs de glaçage différentes), déposez un grain de café sur chacune et piquez-les sur le support.

• Réservez les sucettes 2 heures au réfrigérateur avant de les déguster.

Petit + *La recette peut également être réalisée avec une génoise classique.*

Crunchy fudge pops

Pour 12 cake pops
Préparation : 35 min
Cuisson : 10 min
Réfrigération : 45 min
Repos : 8 h + 3 h

190 g de chocolat noir

230 g de chocolat au lait

150 g de lait concentré sucré

30 g de corn-flakes

12 bâtons de sucettes

• Faites fondre le chocolat noir au bain-marie. Hors du feu, incorporez peu à peu le lait concentré en mélangeant bien, jusqu'à obtenir une pâte épaisse. Sur la plaque du four recouverte de papier sulfurisé et à l'aide d'une spatule, étalez-la en carré ou en rectangle sur une épaisseur de 2 cm. Lissez la surface et réfrigérez 45 minutes.

• Découpez la pâte en 12 carrés égaux puis, entre vos paumes, façonnez-les en boules bien rondes. Reposez-les sur la plaque et faites sécher 8 heures à température ambiante (dans le four éteint ou dans une boîte hermétique en fer).

• Faites fondre le chocolat au lait au bain-marie. Trempez-y le bout des bâtons de sucettes, piquez-les dans les boules et laissez durcir 5 minutes. Dans un bol, écrasez vraiment très grossièrement les corn-flakes du bout des doigts (2 à 3 manipulations suffisent).

• Réchauffez le chocolat puis versez-le sur les corn-flakes. Mélangez soigneusement pour bien les enrober de chocolat. Roulez-y les boules, puis recouvrez-les uniformément de corn-flakes en vous aidant d'une petite cuillère. Pour les finitions, collez les corn-flakes à la main afin de boucher les trous et de donner une forme bien ronde aux sucettes.

• Laissez sécher 3 heures à température ambiante (surtout pas au réfrigérateur) avant de les croquer.

Petit + *Sous leur coque croustillante façon « rose des sables », se cache un cœur tendre et fondant : un* fudge *au chocolat noir (confiserie anglaise). Une expérience intense, onctueuse et totalement irrésistible. Les corn-flakes peuvent être remplacés par des crêpes dentelle.*

Cake pops mendiants, figues & pignons

Pour 14 cake pops
Préparation : 50 min
Cuisson : 40 min
Congélation : 20 min
Repos : 2 h

150 g de figues sèches

2 gros œufs

50 g de beurre + pour les moules

60 g de sucre en poudre

330 g de chocolat noir

130 g de pignons de pin

2 cuill. à café d'huile neutre

14 bâtons de sucettes

• Préchauffez le four à 200 °C (th. 6-7). Battez les œufs et le sucre. Ouvrez les figues et raclez leur chair avec la pointe d'un couteau. Incorporez-la aux œufs, ainsi que le beurre fondu et 100 g de pignons réduits en poudre. Répartissez la pâte dans 4 moules à tartelettes beurrés (10 cm) et enfournez 15 minutes. Laissez totalement refroidir.

• Baissez le four à 150 °C (th. 5), étalez 30 g de pignons sur la plaque du four et enfournez 15 minutes. Laissez refroidir. Faites fondre 130 g de chocolat au bain-marie. Sur une surface froide et lisse recouverte de papier sulfurisé, déposez 1 petite cuillerée à café rase de chocolat fondu et étalez-le en disque (4 à 4,5 cm) avec le dos de la cuillère. Faites les disques 4 par 4 et posez des pignons grillés sur chacun. Réalisez ainsi 28 mendiants. Laissez-les durcir, puis décollez-les du papier.

• Émiettez les gâteaux entre vos doigts, malaxez-les bien et formez une boule homogène (ils sont si moelleux qu'un liant est inutile ici). Étalez-la au rouleau sur 1 à 1,5 cm d'épaisseur. Avec un emporte-pièce rond de 4 cm, découpez des palets, reformez une boule avec les chutes et découpez de nouveaux palets. Placez ces 14 palets 20 minutes au congélateur.

• Faites fondre au bain-marie, dans un bol étroit, 200 g de chocolat avec l'huile. Trempez-y le bout des bâtons de sucettes, piquez-les sur la tranche des palets et laissez durcir 5 minutes. Plongez les palets dans le chocolat pour les enrober (maintenez-le au bain-marie pendant l'opération). Laissez couler l'excédent en tapotant sur les sucettes, piquez-les sur un support et réservez 2 à 3 minutes.

• Collez un mendiant sur chacune des faces des palets, posez les sucettes sur une plaque et laissez durcir 2 heures à température ambiante. Servis avec le café, ces cake pops sont de vrais desserts à part entière !

Petit + *Les mendiants ne doivent être ni trop épais ni trop fins, au risque d'entraver la dégustation ou de se casser. Une recette à interpréter avec des noisettes, des amandes, des noix…*

Cake pops calisson

Pour 23 cake pops
Préparation : 40 min
Cuisson : 10 min
Repos : 26 h

€€

1 blanc d'œuf

310 g de sucre glace

200 g d'amandes entières émondées

140 g de melon confit

60 g d'écorces d'oranges confites

1 cuill. à soupe de fleur d'oranger

Fleurs de couleur en sucre

23 bâtons de sucettes

• Préchauffez le four à 150 °C (th. 5). Réduisez les amandes en poudre, versez-les sur la plaque du four et enfournez 10 minutes pour les torréfier. Laissez refroidir.

• Mixez les écorces d'oranges et le melon confits coupés en petits dés avec la fleur d'oranger jusqu'à l'obtention d'une pâte fine. Ajoutez la poudre d'amandes refroidie et 160 g de sucre glace. Mixez à nouveau jusqu'à obtenir une pâte bien homogène qui se décolle des parois.

• Formez une boule, puis abaissez-la au rouleau entre deux feuilles de papier sulfurisé, sur une épaisseur de 8 mm. Laissez sécher 2 heures à l'air libre. Prélevez des morceaux de pâte puis, entre vos paumes, façonnez 23 boules de la taille d'une noix, piquez un bâton de sucette dans chacune, piquez les cake pops sur un support et laissez sécher 12 h.

• Montez le blanc d'œuf en neige ferme. Ajoutez 150 g de sucre glace et fouettez à nouveau jusqu'à obtenir un mélange souple, lisse et brillant. Plongez les sucettes dans ce glaçage, laissez bien couler l'excédent en tapotant sur les bâtons et piquez-les sur le support. Attendez quelques minutes et collez les fleurs en sucre sur chaque cake pops. Laissez sécher 12 h à température ambiante.

• Emballez les cake pops individuellement dans des petits sachets fermés par de jolis rubans et offrez-les en cadeaux gourmands ou dégustez-les autour d'une tasse de thé.

Petit + *Le mélange melon et orange constitue la base du vrai calisson d'Aix, mais n'hésitez pas à essayer d'autres fruits comme la clémentine ou le cédrat confit. Pour plus de saveurs, choisissez toujours des fruits confits de bonne qualité.*

Carrot cake pops, cardamome & noix de cajou

Pour 32 cake pops
Préparation : 40 min
Cuisson : 45 min
Réfrigération : 3 h

150 g de carottes pelées et râpées

2 cuill. à café de jus de citron

2 gros œufs

80 g de fromage Philadelphia®

150 g de farine

1 cuill. à café de levure

1 cuill. à café rase de bicarbonate de soude

125 g de sucre roux

10 gousses de cardamome verte

1 cuill. à café de gingembre en poudre

1 cuill. à café rase de cannelle en poudre

70 g de noix de cajou

300 g de chocolat blanc

10 cl d'huile neutre + 3 cuill. à café

Confettis pastel en sucre

Beurre pour le moule

32 bâtons de sucettes

• Préchauffez le four à 180 °C (th. 6). Mixez les graines de cardamome avec le gingembre et la cannelle. Mélangez ces épices avec le sucre, la farine, la levure et le bicarbonate. Incorporez 10 cl d'huile, les carottes, les œufs un à un et les noix concassées, en mélangeant bien à chaque ajout. Versez dans un moule à manqué beurré de 20 cm et enfournez environ 40 minutes. Laissez totalement refroidir.

• Émiettez le gâteau entre vos doigts. Ajoutez le Philadelphia®, le jus de citron et malaxez entre vos doigts jusqu'à obtenir une pâte homogène. Entre vos paumes, formez 32 boules bien rondes de la taille d'une noix. Posez-les sur une plaque garnie de papier sulfurisé et réfrigérez 1 heure.

• Faites fondre au bain-marie, dans un bol étroit ou un verre, le chocolat avec 3 cuillerées à café d'huile. Trempez-y le bout des bâtons de sucettes, piquez-les dans les boules et laissez durcir 5 minutes.

• Plongez les boules dans le chocolat pour les enrober (maintenez-le au bain-marie pendant toute l'opération). Laissez couler l'excédent en tapotant sur les sucettes, saupoudrez-les généreusement de confettis et piquez-les sur un support. Réfrigérez-les 2 heures avant de les déguster.

Petit + *Les fans de cardamome pourront intégrer au* carrot cake *2 à 4 gousses supplémentaires.*

Cake pops surprise, chocolat & praliné

Pour 25 cake pops
Préparation : 50 min
Cuisson : 25 min
Réfrigération : 7 h 10

- 360 g de gâteau au yaourt (recette p. 62)
- 20 cl de crème liquide entière
- 120 g de sucre en poudre
- 250 g de chocolat noir
- 150 g de chocolat blanc
- 120 g de noisettes et d'amandes décortiquées
- 3 cuill. à café d'huile neutre
- 25 bâtons de sucettes

• Portez la crème à ébullition, versez-la sur 100 g de chocolat noir haché, laissez fondre et lissez au fouet. Réfrigérez 4 heures.

• Dans une casserole large, mélangez noisettes, amandes et sucre. Chauffez sur feu moyen jusqu'à ce que le sucre se transforme en caramel liquide et brun. Enrobez bien noisettes et amandes, puis étalez sur du papier sulfurisé. Laissez durcir.

• Cassez cette plaque en morceaux et mixez le tout jusqu'à obtenir une poudre croquante : réservez 3 bonnes cuillerées à soupe de ce pralin pour le décor. Continuez de mixer jusqu'à obtenir un mélange praliné très croustillant, sec et épais, d'une consistance ferme et granuleuse.

• Émiettez le gâteau entre vos doigts. Montez la crème au chocolat bien froide en chantilly. Mélangez 240 g de chantilly aux miettes de gâteau et malaxez entre vos doigts pour obtenir une pâte brune homogène.

• Entre vos paumes, formez 25 boules de la taille d'une noix, aplatissez-les en galettes, placez au centre 1 cuillerée à café de praliné, fermez les galettes sur elles-mêmes pour l'emprisonner à l'intérieur et reformez des boules lisses et régulières. Réfrigérez 1 heure sur du papier sulfurisé.

• Faites fondre au bain-marie, dans un bol étroit ou un verre, 150 g de chocolat noir avec 1,5 cuillerée à café d'huile. Plongez-y chacune des boules jusqu'à la moitié et tapotez pour laisser couler l'excédent. Trempez le bout des bâtons de sucettes dans le chocolat, piquez-les dans les boules côté glaçage noir, piquez les sucettes sur un support et réfrigérez 10 minutes.

• De la même façon, faites fondre au bain-marie le chocolat blanc avec 1,5 cuillerée à café d'huile. Plongez-y les sucettes pour que les boules soient enrobées de blanc à moitié (faites bien la jonction glaçage noir et glaçage blanc) et laissez couler l'excédent. Parsemez du pralin réservé, uniquement sur la coupure latérale noire et blanche pour la cacher, et piquez les sucettes sur le support. Maintenez les chocolats au bain-marie pendant les opérations de glaçage. Réfrigérez 2 heures.

Petit + *Attention à ne pas trop mixer le praliné pour ne pas obtenir une pâte à tartiner souple et onctueuse, car elle serait difficile à utiliser pour fourrer les cake pops.*

Summer cake pops, macaron & lemon curd

Pour 20 cake pops
Préparation : 40 min
Cuisson : 35 min
Réfrigération : 6 h

2 citrons

2 œufs entiers + 2 blancs

50 g de beurre

230 g de sucre en poudre

145 g d'amandes entières décortiquées

250 g de Candy Melts jaune (voir p. 63)

2,5 cuill. à café d'huile

20 bâtons de sucettes

Pour le décor

Étoiles jaunes et blanches en sucre et petits rubans jaunes ou blancs

• Dans un bol, mélangez les zestes d'un citron entier finement râpés, 5 cl de jus de citron pressé, 60 g de sucre, 2 œufs entiers et le beurre coupé en dés. Préparez un bain-marie dans une casserole. Placez le bol au-dessus de l'eau frémissante, sans qu'il ne la touche, et fouettez la préparation environ 15 minutes jusqu'à épaississement. Réfrigérez 2 heures.

• Préchauffez le four à 150 °C (th. 5). Mixez finement les amandes avec 170 g de sucre. Incorporez 2 blancs d'œufs et mélangez bien. Étalez grossièrement la pâte sur une plaque garnie de papier sulfurisé et enfournez 18 minutes. La plaque de macaron doit être légèrement dorée. Laissez totalement refroidir.

• Cassez la plaque de macaron en morceaux et mixez-les. À la cuillère en bois, puis avec les doigts, mélangez intimement cette poudre au lemon curd, jusqu'à obtenir une pâte homogène. Entre vos paumes, formez 20 boules de la taille d'une noix et posez-les sur une plaque garnie de papier sulfurisé. Réfrigérez 3 heures.

• Préparez un bain-marie. Hors du feu, placez-y un bol étroit ou un verre rempli de Candy Melts. Quand la moitié des pastilles est fondue, retirez du bain-marie et mélangez jusqu'à obtenir un glaçage fluide. Incorporez l'huile et mélangez. Trempez-y le bout des bâtons de sucettes, piquez-les dans les boules et laissez durcir 3 minutes.

• Plongez les boules dans le glaçage pour les enrober. Laissez couler l'excédent en tapotant sur les sucettes et piquez-les sur un support. Au fur et à mesure, décorez les sucettes avec les étoiles. Réfrigérez 1 heure. Attachez un petit nœud sur chaque sucette et régalez-vous !

Petit + *À défaut de Candy Melts, enrobez les cake pops de chocolat blanc mélangé à un filet d'huile.*

Cake pops choco-miel & sarrasin

Pour 20 cake pops
Préparation : 35 min
Cuisson : 25 à 30 min
Réfrigération : 3 h

2 gros œufs

60 g de fromage Philadelphia®

60 g de farine de sarrasin

½ sachet de levure

60 g de sucre en poudre

260 g de chocolat noir

1 cuill. à café bombée de cacao amer en poudre (non sucré)

2 cuill. à soupe de miel liquide

6 cl d'huile neutre + 2 cuill. à café

Beurre pour le moule

20 bâtons de sucettes

Pour le décor

Grué de cacao et/ou mini-billes orange en sucre

• Préchauffez le four à 200 °C (th. 6-7). Battez les œufs et le sucre. Incorporez la farine, la levure et le cacao mélangés et tamisés, puis 6 cl d'huile, le miel et 60 g de chocolat taillé en petites pépites. Versez dans un moule à manqué beurré de 20 cm et enfournez 20 à 25 minutes. Laissez totalement refroidir.

• Émiettez le gâteau entre vos doigts. Ajoutez le Philadelphia® et malaxez entre vos doigts jusqu'à obtenir une pâte homogène. Entre vos paumes, formez 20 boules bien rondes de la taille d'une noix et posez-les sur une plaque garnie de papier sulfurisé. Réfrigérez 1 heure.

• Faites fondre au bain-marie, dans un bol étroit ou dans un verre, 200 g de chocolat avec 2 cuillerées à café d'huile. Trempez-y le bout des bâtons de sucettes, piquez-les dans les boules et laissez durcir 5 minutes.

• Plongez les boules dans le chocolat pour les enrober (maintenez-le au bain-marie pendant toute l'opération). Laissez couler l'excédent en tapotant sur les sucettes, parsemez-les d'un peu de grué de cacao ou de quelques mini-billes et piquez-les sur un support. Réfrigérez-les 2 heures avant de les déguster.

Petit + *Pour varier les saveurs typées de ces cake pops, incorporez au gâteau quelques raisins secs, des éclats de noix de pécan et remplacez le miel par du sirop d'érable.*

Pistache pops

Pour 20 cake pops
Préparation : 40 min
Cuisson : 45 min
Réfrigération : 3 h

1 cuill. à café de zestes de citron râpés

2 gros œufs

60 g de ricotta

25 g de farine

½ cuill. à café de bicarbonate de soude

100 g de sucre en poudre

120 g de chocolat noir

80 g de chocolat blanc

140 g de pistaches salées décortiquées

30 g de pistaches émondées non salées

10 cl d'huile d'olive + 2 cuill. à café

Beurre pour le moule

20 bâtons de sucettes

• Préchauffez le four à 180 °C (th. 6). Battez les œufs et le sucre. Incorporez les zestes, 10 cl d'huile, la farine et le bicarbonate, en mélangeant à chaque ajout. Réduisez en poudre 70 g de pistaches salées avec les pistaches non salées, puis ajoutez-les à la pâte. Versez dans un moule à manqué beurré de 20 cm et enfournez 25 minutes. Laissez totalement refroidir.

• Émiettez le gâteau entre vos doigts. Ajoutez la ricotta et malaxez entre vos doigts jusqu'à obtenir une pâte homogène. Entre vos paumes, formez 20 boules bien rondes de la taille d'une noix. Posez-les sur une plaque garnie de papier sulfurisé et réfrigérez 1 heure.

• Préchauffez le four à 150 °C (th. 5). Au couteau, concassez grossièrement 70 g de pistaches salées de façon à avoir des petits éclats et un peu de poudre de pistache. Étalez le tout sur la plaque du four et enfournez 15 minutes. Laissez refroidir.

• Faites fondre au bain-marie, dans un bol étroit ou un verre, le chocolat noir avec le chocolat blanc et 2 cuillerées à café d'huile. Mélangez. Trempez-y le bout des bâtons de sucettes, piquez-les dans les boules et laissez durcir 5 minutes.

• Plongez les boules dans le chocolat pour les enrober (maintenez-le au bain-marie pendant l'opération). Laissez couler l'excédent en tapotant sur les sucettes, piquez-les sur un support et attendez 2 à 3 minutes avant de les parsemer généreusement de pistaches grillées pour les recouvrir entièrement. Réfrigérez 2 heures avant de les croquer.

Petit + *Prévoyez environ 300 g de pistaches salées non décortiquées. Le gâteau peut aussi être réalisé uniquement avec des pistaches non salées pour obtenir une belle couleur verte (ajoutez alors une pincée de sel dans la pâte et conservez les pistaches salées pour le décor).*

Banana cake pops, chats & lions

Pour 26 cake pops
Préparation : 1 h
Cuisson : 1 h
Réfrigération : 4 h 05
Congélation : 10 min

380 g de bananes pelées (5 à 6 bananes)

1 cuill. à soupe de jus de citron

1 gros œuf

20 g de crème fraîche épaisse

170 g de farine

½ sachet de levure

180 g de sucre roux

1 sachet de sucre vanillé

150 g de chocolat blanc

150 g de chocolat au lait

10 cl d'huile neutre + 3 cuill. à café

1 pincée de sel

Beurre et farine pour le moule

26 bâtons de sucettes

Pour le décor

Pépites de chocolat noir, grains de café au chocolat, feutre alimentaire, petits cœurs blancs en sucre

• Préchauffez le four à 180 °C (th. 6). Mélangez l'œuf battu avec 10 cl d'huile et 230 g de bananes écrasées. Ajoutez 150 g de sucre roux, le sel, la farine tamisée avec la levure et mélangez sans travailler la pâte. Versez dans un moule à cake (25 cm x 11 cm) beurré et fariné, et enfournez 50 à 55 minutes. Laissez totalement refroidir.

• Supprimez les extrémités du cake pour ne garder que 550 g de gâteau moelleux et émiettez-le entre vos doigts. Mixez 150 g de bananes avec le citron, le sucre vanillé, 30 g de sucre roux et la crème. Mélangez miettes et liant à la banane, puis malaxez entre vos doigts pour avoir une pâte homogène. Entre vos paumes, formez 26 boules bien rondes de la taille d'une noix, posez-les sur du papier sulfurisé et réfrigérez 1 heure.

• Mélangez les deux chocolats avec 3 cuillerées à café d'huile dans un petit bol étroit, placez-le dans un bain-marie et laissez fondre. Trempez-y le bout des bâtons de sucettes, piquez-les dans les boules et réfrigérez 5 minutes.

• Avec une petite cuillère, faites tomber des très petits tas de glaçage sur du papier sulfurisé en leur donnant une forme de goutte pointue plate (les oreilles de chat). Placez 10 minutes au congélateur.

• Plongez les boules dans le glaçage pour les enrober (maintenez-le au bain-marie pendant l'opération). Laissez couler l'excédent en tapotant sur les sucettes et piquez-les sur un support.

• Pour les chats, piquez 2 petites oreilles pointues dans chaque boule et collez un cœur pour faire le nez. Pour les lions, collez des pépites de chocolat noir tout autour des boules pour faire la crinière et piquez un grain de café pour faire le nez. Réfrigérez-les 3 heures puis, au feutre alimentaire, réalisez les yeux, les moustaches et les bouches des chats ainsi que les yeux et les bouches des lions.

Petit + *Commencez par faire les chats (glaçage, oreilles et nez) puis, dans un deuxième temps, les lions (glaçage, crinières et nez), de façon à coller ou piquer les décors sur les sucettes au fur et à mesure, avant que le glaçage ne sèche.*

Disco pops fever & clowns, Smarties®-chocolat

Pour 26 cake pops
Préparation : 40 min
Cuisson : 10 min
Réfrigération : 4 h

510 g de gâteau au chocolat noir intense (recette p. 62)

200 g de St Môret®

1 gousse de vanille

2 cuill. à café d'extrait de vanille liquide

100 g de chocolat blanc

100 g de chocolat au lait

2 cuill. à café d'huile neutre

26 bâtons de sucettes

Pour le décor

Smarties®, feutre alimentaire et stylo gel de couleur

• Émiettez finement le gâteau entre vos doigts. Ajoutez le St Môret®, la vanille liquide et les graines de vanille. Mélangez vivement à la cuillère en bois jusqu'à obtenir une pâte brune bien homogène. Entre vos paumes, formez 26 boules bien rondes de la taille d'une noix et posez-les sur une plaque garnie de papier sulfurisé. Réfrigérez 2 heures.

• Faites fondre au bain-marie, dans un petit bol étroit ou un verre, le chocolat blanc avec 1 cuillerée à café d'huile. Trempez-y le bout de 13 bâtons de sucettes, piquez chacun dans une boule et laissez durcir 5 minutes.

• Trempez ces boules dans le chocolat blanc pour les enrober (maintenez-le au bain-marie pendant toute l'opération). Laissez couler l'excédent en tapotant sur les sucettes et piquez-les sur un support. Laissez sécher 1 à 2 minutes, puis collez délicatement 3 Smarties® de couleurs différentes sur le dessus de chaque boule pour styliser les cheveux et les chapeaux des clowns. Collez un autre Smarties® pour faire le nez.

• De la même façon, faites fondre au bain-marie le chocolat au lait avec 1 cuillerée à café d'huile. Trempez-y le bout de 13 bâtons de sucettes, piquez-les dans les boules restantes et laissez durcir 5 minutes. Avec la même technique, enrobez ces boules de chocolat au lait, piquez-les sur le support et laissez sécher 1 à 2 minutes. Collez ensuite délicatement sur chacune 9 Smarties® espacés pour obtenir les disco pops.

• Réfrigérez tous les cake pops au minimum 2 heures. Au feutre, réalisez les yeux et les sourcils des clowns puis, au stylo gel, faites les bouches. Laissez sécher avant de croquer les sucettes !

Petit + *Vous pouvez aussi réaliser les bouches des clowns avec des morceaux de bonbons spaghettis rouges, que vous collerez en même temps que les Smarties®.*

Doggy pops aux Carambar®

Pour 29 cake pops
Préparation : 55 min
Cuisson : 15 min
Congélation : 40 min
Réfrigération : 5 h

600 g d'American white cake (recette p. 63)

30 Carambar®

15 cl de crème liquide entière

200 g de chocolat noir

200 g de chocolat au lait

200 g de chocolat blanc

6 cuill. à café d'huile neutre

29 bâtons de sucettes

Pour le décor

Amandes effilées, feutre alimentaire noir et marron

- Faites fondre les Carambar® dans la crème, puis placez ce coulis 10 minutes au congélateur. Ôtez la croûte et les bords du gâteau. Ne conservez que 480 g de mie tendre. Émiettez-la entre vos doigts, incorporez les Carambar® et malaxez pour avoir une pâte homogène.

- Entre vos paumes, formez 30 boules de la taille d'une noix. Réfrigérez 2 heures sur du papier sulfurisé. Sacrifiez une boule, prélevez-y des morceaux de pâte et formez des mini-boules qui serviront à faire les nez des chiens.

- Préparez un bain-marie dans une casserole large. Placez chaque chocolat séparément dans un bol étroit ou un verre, versez dans chacun 2 cuillerées à café d'huile et faites-les fondre au bain-marie. Trempez le bout de 10 bâtons de sucettes dans le chocolat blanc, 10 autres dans le chocolat au lait et 9 dans le chocolat noir, piquez-les dans les boules et laissez durcir 5 minutes.

- Plongez-les dans le glaçage correspondant pour les enrober entièrement (maintenez les chocolats au bain-marie pendant l'opération). Laissez couler l'excédent en tapotant sur les sucettes et piquez-les sur un support. Collez un nez sur chaque boule et placez 15 minutes au congélateur.

- Réchauffez bain-marie et chocolats. Plongez le sommet des boules dans un chocolat différent en inclinant les sucettes pour obtenir une sorte de béret positionné de travers : le but est de donner un air rigolo aux chiens. Sur 20 sucettes, collez deux amandes pour faire les oreilles et obtenir des chiens bicolores.

- Sur les 9 sucettes restantes, collez une seule oreille et placez-les 15 minutes au congélateur. Plongez le sommet de celles-ci dans un troisième chocolat en inclinant les sucettes de l'autre côté pour avoir des chiens tricolores. Collez les oreilles manquantes.

- Réfrigérez-les toutes 3 heures puis, au feutre, réalisez les yeux, les sourcils et les bouches des chiens. Amusez-vous en leur donnant des expressions différentes.

Petit + *Vous pouvez aussi faire des simples glaçages noirs, blancs et au lait.*

Cake pops ultra-gourmands, cookies & Nutella®

Pour 18 cake pops
Préparation : 50 min
Cuisson : 18 à 21 min
Congélation : 35 min
Réfrigération : 3 h

- 25 g d'œuf battu
- 65 g de beurre mou
- 120 g de Kiri®
- 90 g de farine
- ½ cuill. à café de levure
- 50 g de sucre roux
- 300 g de Nutella®
- 40 g de noisettes
- 40 g de chocolat au lait
- Vermicelles colorés
- 2 cuill. à café d'huile neutre
- 18 bâtons de sucettes

• Mélangez le beurre et le sucre. Incorporez l'œuf battu. Ajoutez ensuite en une seule fois la farine mélangée à la levure, le chocolat coupé en petits morceaux et les noisettes concassées. Amalgamez sans travailler la pâte. Du bout des doigts, formez 9 boules de la taille d'une grosse noix sans les lisser et réservez 30 minutes au congélateur.

• Préchauffez le four à 180 °C (th. 6). Placez les cookies sur la plaque du four garnie de papier sulfurisé en les espaçant et enfournez à mi-hauteur 13 à 16 minutes. Laissez reposer 2 minutes hors du four, puis décollez les cookies et laissez-les totalement refroidir.

• À la main, réduisez les cookies en miettes. Ajoutez le Kiri® et malaxez bien entre vos doigts pour obtenir une pâte homogène.

• Entre vos paumes, formez 18 boules de la taille d'une noix, aplatissez-les en fines galettes, mettez un peu de Nutella® au centre de chacune (60 g réservé au réfrigérateur pour faciliter la manipulation), fermez les galettes sur elles-mêmes pour l'emprisonner hermétiquement à l'intérieur et reformez des boules lisses et régulières. Réfrigérez 1 heure sur une plaque garnie de papier sulfurisé.

• Faites fondre au bain-marie, dans un bol étroit ou un verre, 240 g de Nutella® avec l'huile. Trempez-y le bout des bâtons de sucettes, piquez-les dans les boules et placez 5 minutes au congélateur.

• Plongez les boules dans le Nutella® pour les enrober (maintenez-le au bain-marie pendant toute l'opération). Laissez couler l'excédent en tapotant sur les sucettes, tournez-les sur elles-mêmes en lissant le glaçage avec le dos d'une petite cuillère pour faire des ondulations et piquez-les sur un support. Saupoudrez légèrement de vermicelles et réfrigérez 2 heures.

Petit + *Sortez les cake pops 15 minutes avant de les déguster pour que le Nutella® se détende.*

Lollipops de Miss Madeleine, vanille & cerise

Pour 25 cake pops
Préparation : 40 min
Cuisson : 17 à 19 min
Réfrigération : 3 h
Repos : 1 h

4 oranges

Les zestes de 1 citron râpés

2 œufs moyens

135 g de beurre demi-sel

Beurre et farine pour les moules

4 cl de lait

160 g de petits-suisses

135 g de farine

2 cuill. à café rases de levure

60 g de sucre en poudre

1 gousse de vanille

20 g de miel liquide

25 cerises amarena

350 g de Candy Melts rose (voir p. 63)

3,5 cuill. à café d'huile

25 bâtons de sucettes

Pour le décor

40 g de sucre en poudre, 2 gouttes de colorant rouge ou rose, des mini-perles blanches en sucre

• Faites fondre le beurre. Battez les œufs et le lait. Ajoutez 60 g de sucre, le miel, les zestes, la farine et la levure. Mélangez bien et incorporez le beurre refroidi. Beurrez et farinez les empreintes de deux plaques à madeleines (grandes empreintes), remplissez-les aux trois quarts et placez 2 heures au réfrigérateur.

• Préchauffez le four à 240 °C (th. 8). Enfournez les madeleines 4 minutes, puis baissez le four à 180 °C (th. 6) et poursuivez la cuisson 8 à 10 minutes. Elles sont dorées et bombées. Laissez totalement refroidir.

• Versez 40 g de sucre et le colorant dans un sachet plastique, fermez et mélangez pour avoir un sucre rose.

• Émiettez les madeleines entre vos doigts. Pressez le jus des oranges. Ajoutez 16 cl de ce jus aux miettes de gâteau. Incorporez petits-suisses et graines de vanille, puis malaxez jusqu'à obtenir une pâte homogène.

• Entre vos paumes, formez une petite boule, écrasez-la en galette et placez une cerise au centre. Formez une deuxième petite boule, écrasez-la et recouvrez-en la cerise. Soudez les bords, pressez la pâte et reformez une boule lisse. Façonnez ainsi 24 autres boules et réfrigérez 1 heure sur du papier sulfurisé.

• Préparez un bain-marie. Hors du feu, placez-y un bol étroit rempli de Candy Melts. Quand la moitié des pastilles est fondue, retirez du bain-marie et mélangez jusqu'à obtenir un glaçage fluide. Incorporez l'huile et mélangez. Trempez-y le bout des bâtons de sucettes, piquez-les dans les boules et laissez durcir 3 minutes.

• Plongez les boules dans le glaçage pour les enrober. Laissez couler l'excédent en tapotant sur les sucettes et piquez-les sur un support. Au fur et à mesure, parsemez certaines boules de sucre rose, d'autres de fleurs et d'autres de perles. Laissez sécher 1 heure.

Petit + *À défaut de Candy Melts, faites un glaçage au chocolat blanc (avec un filet d'huile). Vous pouvez également remplacer les cerises amarena par les griottes d'une confiture.*

P'tits bonshommes à la noix de coco

Pour 14 cake pops
Préparation : 50 min
Cuisson : 26 à 29 min
Réfrigération : 4 h 30
Repos : 1 h

1 gros œuf battu

10 cl de lait de coco

80 g de sucre en poudre

120 g de noix de coco râpée

50 g de chocolat au lait

200 g de chocolat blanc

100 g de Candy Melts bleu (voir p. 63)

3 cuill. à café d'huile neutre

14 bâtons de sucettes

Pour le décor

Smarties® bleus, jaunes et verts (ou Dragibus®), feutre alimentaire

• Chauffez 5 cl de lait de coco. Hors du feu, ajoutez le chocolat au lait et laissez fondre. Lissez et réfrigérez 2 heures.

• Préchauffez le four à 200 °C (th. 6-7). Mélangez l'œuf, le sucre et la noix de coco. Malaxez, puis déposez 10 petits tas de coco pressés entre vos doigts sur une plaque garnie de papier sulfurisé. Enfournez 15 à 18 minutes. Laissez totalement refroidir.

• Émiettez finement les congolais entre vos doigts et séparez les miettes en deux parts égales (110 g chacune). Dans l'une, ajoutez le chocolat au lait, malaxez, puis formez 14 petites boules.

• Dans l'autre, incorporez 5 cl de lait de coco et malaxez. Formez 14 petites boules, écrasez-les en galettes, collez-les sur les boules au chocolat et reformez des boules homogènes avec un côté noir et un côté blanc. Posez-les côté blanc sur du papier sulfurisé et réfrigérez 2 heures.

• Faites fondre au bain-marie, dans un bol étroit ou un verre, le chocolat blanc avec 2 cuillerées à café d'huile. Trempez-y le bout des bâtons de sucettes, piquez-les dans les boules côté blanc et laissez durcir 5 minutes. Plongez les boules dans le chocolat pour les enrober entièrement (maintenez-le au bain-marie pendant l'opération). Laissez couler l'excédent, tapotez sur les sucettes et piquez-les sur un support. Faites durcir 30 minutes au réfrigérateur.

• Réchauffez le bain-marie. Hors du feu, placez-y un bol étroit ou un verre rempli de Candy Melts. Quand la moitié des pastilles est fondue, ôtez du bain-marie et mélangez jusqu'à obtenir un glaçage fluide. Incorporez 1 cuillerée à café d'huile. Plongez-y les boules à moitié pour réaliser des petits bonnets bleus. Laissez couler l'excédent et piquez les sucettes sur le support.

• Collez un Smarties® sur le dessus des bonnets et laissez sécher 1 heure. Au feutre, réalisez les yeux et les bouches, en variant les expressions façon « émoticon » : joyeux, grincheux… amusez-vous !

Petit + *À défaut de Candy Melts, réalisez les bonnets avec du chocolat au lait (+ un filet d'huile).*

Petits lapins aux spéculoos

Pour 18 cake pops
Préparation : 1 h
Cuisson : 23 min
Réfrigération : 9 h 30

1 gros œuf battu

200 g de beurre mou

2,5 cl de lait

100 g de St Môret®

250 g de farine + pour la finition

1 cuill. à café de levure

175 g de sucre roux

2 cuill. à café de cannelle en poudre

275 g de chocolat blanc

60 g de chocolat au lait

3 cuill. à café d'huile neutre

1 pincée de sel

18 bâtons de sucettes

Pour le décor

18 Mikado au chocolat blanc, petits cœurs roses ou rouges en sucre, feutre alimentaire

• Mélangez 175 g de beurre, le sucre, le sel et la cannelle. Incorporez l'œuf, puis la farine mélangée à la levure. Formez une boule, filmez et réfrigérez 4 heures. Sur une surface farinée, étalez la pâte sur 5 mm d'épaisseur. Au couteau, coupez des rectangles (5 cm × 4 cm), posez-les sur une plaque garnie de papier sulfurisé en les espaçant et réfrigérez 30 minutes. Préchauffez le four à 160 °C (th. 5-6) et enfournez 15 minutes. Laissez refroidir.

• Faites fondre 25 g de beurre avec le lait. Hors du feu, ajoutez le chocolat au lait, laissez fondre et mélangez. Réfrigérez 2 heures.

• Réduisez 300 g de spéculoos en miettes, ajoutez le St Môret® et malaxez entre vos doigts pour avoir une pâte homogène. Entre vos paumes, formez 18 boules de la taille d'une noix, aplatissez-les en galettes, posez un peu de ganache au centre, fermez les galettes sur elles-mêmes pour bien l'emprisonner et reformez des boules lisses et régulières. Réfrigérez 1 heure sur du papier sulfurisé.

• Coupez les deux extrémités de 18 Mikado sur 1,5 cm de longueur. Faites fondre au bain-marie, dans un bol étroit ou un verre, le chocolat blanc avec l'huile. Trempez-y le bout des bâtons de sucettes, piquez-les dans les boules et laissez durcir 5 minutes.

• Piquez deux tronçons de Mikado sur le dessus de chaque boule pour faire les oreilles des lapins. Plongez les boules dans le chocolat pour enrober l'ensemble (maintenez-le au bain-marie pendant toute l'opération). Laissez couler l'excédent en tapotant sur les sucettes et piquez-les sur un support. Au fur et à mesure, collez un cœur sur chacune pour faire le nez des lapins. Réfrigérez 2 heures.

• Au feutre, réalisez les yeux, les bouches ainsi que des petits points sur les joues des lapins pour symboliser les moustaches.

Petit + *Conservez les spéculoos restants dans une boîte hermétique. Réalisez également cette recette avec des petits-beurre ou n'importe quel sablé. Pour varier, présentez les cake pops « down » (à l'envers) fourrés avec une ganache café (voir p. 12) et enrobés de chocolat noir.*

Birthday cake pops aux biscuits Oreo®

Pour 12 cake pops
Préparation : 45 min
Cuisson : 12 min
Réfrigération : 4 h 30
Congélation : 30 min

120 g de fromage Philadelphia®

240 g de biscuits Oreo® fourrés à la vanille

100 g de Candy Melts blanc (voir p. 63)

100 g de Candy Melts rose pastel (voir p. 63)

100 g de Candy Melts bleu pastel (voir p. 63)

3 cuill. à café d'huile neutre

12 bâtons de sucettes

Pour le décor

Feutres alimentaires rose et bleu

• Mixez les Oreo® en fine poudre. Ajoutez le Philadelphia® et mixez pour obtenir une pâte homogène. Versez-la dans un bol et réfrigérez 1 heure. Entre vos paumes, formez 12 boules de la taille d'une noix et posez-les sur du papier sulfurisé. Réfrigérez 30 minutes.

• Placez une boule dans un emporte-pièce rond de 4 cm de diamètre, tassez-la bien du bout du doigt pour qu'elle épouse la forme de l'emporte-pièce. Poussez délicatement le palet pour le faire tomber et reposez-le sur le papier. Réalisez ainsi 12 palets. Réservez 30 minutes au congélateur.

• Préparez un bain-marie. Hors du feu, placez-y un bol étroit rempli de Candy Melts blanc. Quand la moitié des pastilles est fondue, retirez du bain-marie et mélangez jusqu'à obtenir un glaçage fluide. Incorporez 1 cuillerée à café d'huile et mélangez. Trempez-y le bout de 4 bâtons de sucettes et piquez-les sur la tranche des palets. Du bout du doigt, reformez l'arrondi des palets et laissez durcir 3 minutes.

• Plongez les palets dans le glaçage blanc pour les enrober. Laissez couler l'excédent, tapotez sur les sucettes et piquez-les sur un support. Procédez de la même façon pour enrober 4 palets de Candy melt rose mélangé à 1 cuillerée à café d'huile. Même chose pour les 4 derniers palets avec le Candy melt bleu mélangé à 1cuillerée à café d'huile. Réfrigérez 3 heures.

• Au feutre, écrivez sur chacune des sucettes le nom d'un enfant invité au goûter d'anniversaire (bleu sur bleu, rose sur rose, puis, rose ou bleu sur le glaçage blanc). Réservez au réfrigérateur jusqu'au dernier moment : ces pops se savourent bien fraîches. Piquez les sucettes sur un joli présentoir ou sur le gâteau d'anniversaire… succès garanti !

Petit + *Utilisez les Oreo® classiques non recouverts de chocolat. Déclinez couleurs de glaçage et messages personnels selon les occasions (Saint-Valentin, fête des mères…), ou adaptez cette déco aux autres cake pops du livre en utilisant des mini-emporte-pièces de formes diverses (cœur, fleur…).*

SACHA
Max

Petits ours bruns, amandes & chocolat au lait

Pour 16 cake pops
Préparation : 40 min
Cuisson : 40 min
Réfrigération : 3 h 10

2 blancs d'œufs

60 g de beurre

Beurre et farine pour les moules

40 g de St Môret®

20 g de farine

100 g de sucre glace

50 g d'amandes en poudre

30 g d'amandes décortiquées

200 g de chocolat au lait

2 cuill. à café d'huile neutre

16 bâtons de sucettes

Pour le décor

Smarties®, stylo gel alimentaire noir et rouge

• Préchauffez le four à 150 °C (th. 5). Étalez sur la plaque du four les amandes décortiquées concassées avec un grand couteau et enfournez 20 minutes. Réservez.

• Préchauffez le four à 240 °C (th. 8). Mélangez le sucre, la farine et les amandes en poudre. Incorporez les blancs d'œufs détendus à la fourchette, puis le beurre fondu. Versez la pâte dans 6 moules à financiers traditionnels beurrés et farinés, et enfournez 5 minutes. Baissez ensuite à 200 °C (th. 6-7) et poursuivez la cuisson 10 minutes. Laissez les gâteaux refroidir totalement avant de les démouler.

• Émiettez les financiers entre vos doigts. Ajoutez amandes grillées et St Môret® et malaxez entre vos doigts jusqu'à obtenir une pâte homogène. Entre vos paumes, formez 16 boules bien rondes de la taille d'une noix. Posez-les sur du papier sulfurisé et réfrigérez 1 heure.

• Faites fondre le chocolat au bain-marie dans un bol étroit ou un verre. Trempez-y le bout des bâtons de sucettes et piquez-les dans les boules. Piquez 2 Smarties® jusqu'à leur moitié dans chaque boule, pour faire les oreilles des ours. Mettez du chocolat sur la face d'un troisième Smarties® et collez-le (assez bas) sur les boules pour faire le nez des ours. Réfrigérez 10 minutes.

• Réchauffez le chocolat, ajoutez l'huile, mélangez, puis plongez-y rapidement les boules pour les enrober (maintenez le chocolat au bain-marie pendant toute l'opération). Laissez bien couler l'excédent en tapotant sur les sucettes et piquez-les sur un support. Réfrigérez 2 heures. Au stylo gel noir, réalisez les yeux des ours, puis au stylo rouge, réalisez un point sur le haut des nez des ours.

Petit + *Pour des oursons colorés et rigolos, faites le glaçage des boules en premier, attendez 2 minutes, puis piquez et collez les Smarties® pour faire les oreilles et les nez. Une recette à décliner avec des noisettes ou toutes autres noix…*

Cake pops 100 % chocolat au piment d'Espelette

Pour 12 cake pops
Préparation : 30 min
Cuisson : 8 min
Réfrigération : 4 h
Repos : 2 h

255 g de gâteau au chocolat noir intense (recette p. 62)

5 cl de crème liquide entière

200 g de chocolat noir

1,5 cuill. à café rase de piment d'Espelette

1,5 cuill. à café d'huile d'olive

12 bâtons de sucettes

Pour le décor

Piment d'Espelette, 12 cœurs rouges en sucre et 12 petits nœuds rouges

• Chauffez la crème dans une casserole. Hors du feu, ajoutez 50 g de chocolat en morceaux, laissez fondre, puis lissez le chocolat. Réfrigérez cette ganache 3 heures.

• Émiettez le gâteau entre vos doigts. Ajoutez le piment et mélangez bien. Incorporez la ganache puis malaxez entre vos doigts jusqu'à obtenir une pâte homogène. Entre vos paumes, formez 12 boules bien rondes de la taille d'une noix et posez-les sur une plaque garnie de papier sulfurisé. Réfrigérez 1 heure.

• Faites fondre au bain-marie, dans un petit bol étroit ou un verre, 150 g de chocolat avec l'huile. Pour ces cake pops « down », c'est-à-dire présentés à l'envers et à plat, trempez le bout des bâtons de sucettes dans le chocolat, piquez-les sur le dessus des boules (sans les manipuler) et laissez durcir 5 minutes.

• Plongez les boules dans le chocolat pour les enrober (maintenez-le au bain-marie pendant toute l'opération). Laissez couler l'excédent en tapotant sur les sucettes et reposez-les sur le papier sulfurisé (bâtons de sucettes en l'air). Au fur et à mesure, parsemez les boules d'une pincée de piment d'Espelette et collez sur chacune un cœur rouge.

• Laissez sécher 2 heures à température ambiante (dans un endroit frais). Attachez un petit nœud sur chaque sucette et le tour est joué !

Petit + *Des cake pops pour tous les amoureux du chocolat. Déclinez-les selon vos accords favoris : remplacez le piment par du gingembre frais ou de la cardamome (à infuser dans la crème), ou ajoutez des dés d'orangettes. Pour une version nature, ôtez le piment et faites un glaçage à l'huile neutre.*

Christmas cake pops, pain d'épices & oranges confites

Pour 32 cake pops
Préparation : 50 min
Cuisson : 1 h 10
Réfrigération : 30 min
Repos : 2 h

€€

1 gros œuf
110 g de beurre
13 cl de lait entier
120 g de ricotta
270 g de farine
2 cuill. à café rases de bicarbonate de soude
20 g de sucre roux
2 cuill. à café de cannelle en poudre
1 cuill. à café de gingembre en poudre
2 clous de girofle
5 gousses de cardamome verte
300 g de miel liquide
50 g d'écorces d'oranges confites
200 g de Candy Melts rouge
200 g de Candy Melts blanc
4 cuill. à café d'huile neutre
Beurre et farine pour le moule
32 bâtons de sucettes

Pour le décor

Candy Melts rouge et blanc, huile neutre, flocons de neige en sucre

• Mixez les épices pour obtenir une poudre homogène. Faites fondre le beurre, laissez tiédir et filtrez deux fois à travers un chinois. Mélangez épices, farine et bicarbonate, puis tamisez le tout.

• Préchauffez le four à 170 °C (th.5-6). Chauffez le miel. Battez l'œuf avec le sucre et le miel. Incorporez le lait, puis le beurre refroidi et les écorces d'oranges finement hachées au couteau. Ajoutez peu à peu la farine épicée. Versez la pâte dans un moule à cake (25 cm × 11 cm) beurré et fariné, et enfournez environ 55 minutes. Laissez totalement refroidir.

• Ôtez les bords du pain d'épices et ne conservez que 750 g de mie moelleuse. Émiettez-la entre vos doigts, ajoutez la ricotta et malaxez bien. Entre vos paumes, formez 32 boules de la taille d'une noix, posez-les sur une plaque garnie de papier sulfurisé et réfrigérez 30 minutes.

• Préparez un bain-marie. Hors du feu, placez-y un bol étroit rempli de Candy Melts rouge. Quand la moitié est fondue, ôtez du bain-marie, mélangez jusqu'à obtenir un glaçage fluide et incorporez 2 cuillerées à café d'huile. Pour ces cake pops présentés à l'envers, trempez-y le bout de 16 bâtons de sucettes, piquez-les sur le dessus des boules (sans les manipuler) et laissez durcir 3 minutes.

• Plongez-les dans le glaçage pour les enrober. Laissez bien couler l'excédent et reposez-les sur le papier sulfurisé (bâtons en l'air). Au fur et à mesure, collez un flocon de neige sur 8 cake pops. De la même façon, faites fondre le Candy Melts blanc avec 2 cuillerées à café d'huile, enrobez-en 16 boules et collez un flocon de neige sur 8 d'entre elles. Laissez sécher 1 heure.

• Pour décorer les sucettes blanches unies, faites fondre un peu de Candy Melts rouge avec quelques gouttes d'huile, trempez-y une petite palette et réalisez des traits en laissant tomber du glaçage en filets en passant au-dessus des boules. Faites de même avec du Candy Melts blanc sur les sucettes rouges. Laissez sécher 1 heure.

Petit + *Hors fête, enrobez les sucettes de chocolat noir ou blanc (400 g de chocolat avec 4 cuillerées à café d'huile).*

Cake pops aux marrons & éclats de noisettes

Pour 22 cake pops
Préparation : 35 min
Cuisson : 50 min
Réfrigération : 3 h

2 œufs moyens

100 g de beurre demi-sel

60 g de farine

360 g de crème de marrons vanillée

50 g de noisettes

150 g de chocolat au lait

100 g de chocolat noir

2 cuill. à café d'huile neutre

22 bâtons de sucettes

• Préchauffez le four à 180 °C (th. 6). Battez les œufs avec 280 g de crème de marrons. Incorporez le beurre fondu, puis la farine. Répartissez la pâte dans les 6 alvéoles d'une plaque à muffins en silicone (diamètre 7 cm) et enfournez 25 minutes. Laissez totalement refroidir.

• Baissez le four à 150 °C (th. 5). Concassez les noisettes avec un grand couteau, étalez-les sur la plaque du four et enfournez 20 minutes.

• Émiettez les gâteaux entre vos doigts. Incorporez 80 g de crème de marrons et malaxez bien entre vos doigts pour obtenir une pâte homogène. Entre vos paumes, formez 22 boules bien rondes de la taille d'une noix et posez-les sur une plaque garnie de papier sulfurisé. Réfrigérez 1 heure.

• Faites fondre au bain-marie, dans un bol étroit ou un verre, les deux chocolats avec l'huile. Mélangez. Pour ces cake pops « down » (présentés à l'envers), trempez le bout des bâtons de sucettes dans le chocolat, piquez-les sur le dessus des boules (sans les manipuler) et laissez durcir 5 minutes.

• Incorporez les noisettes grillées dans le chocolat, mélangez bien et plongez-y les boules pour les enrober (maintenez le chocolat au bain-marie pendant l'opération). Laissez couler l'excédent en tapotant sur les sucettes et reposez-les sur le papier sulfurisé (bâtons en l'air). Réservez les sucettes 2 heures au réfrigérateur avant de les déguster autour d'un bon café.

Petit + *Pour encore plus de gourmandise, incorporez des petits morceaux de marrons glacés dans les boules de pâte.*

Cake pops acidulés, gingembre & sirop d'érable

Pour 24 cake pops
Préparation : 35 min
Cuisson : 35 min
Réfrigération : 2 h

2 citrons

2 cuill. à soupe de gingembre frais, pelé et haché

2 gros œufs

110 g de beurre demi-sel

110 g de farine

1 cuill. à café de bicarbonate de soude

130 g de sucre roux

80 g de sirop d'érable

150 g de Candy Melts jaune (voir p. 63)

150 g de Candy Melts rose pastel (voir p.. 63)

150 g de Candy Melts vert pastel (voir p. 63)

4,5 cuill. à café d'huile neutre

Beurre et farine pour le moule

24 bâtons de sucettes

Pour le décor

Mini-caissettes blanches, mini-billes jaunes, roses et vertes en sucre assorties aux glaçages

• Préchauffez le four à 180 °C (th. 6). Battez le sucre et le beurre fondu. Incorporez les œufs battus, puis la farine mélangée au bicarbonate. Ajoutez le gingembre, les zestes des citrons finement râpés et 5 cl de jus de citron. Mélangez. Versez la pâte dans un moule à manqué beurré et fariné de 20 cm et enfournez 20 minutes. Laissez totalement refroidir.

• Émiettez le gâteau entre vos doigts. Ajoutez le sirop d'érable et malaxez entre vos doigts jusqu'à obtenir une pâte homogène. Entre vos paumes, formez 24 boules bien rondes de la taille d'une noix et posez-les sur une plaque garnie de papier sulfurisé. Réfrigérez 1 heure.

• Préparez un bain-marie. Hors du feu, placez-y un bol étroit ou un verre rempli de Candy Melts jaune. Quand la moitié des pastilles est fondue, retirez du bain-marie et mélangez jusqu'à obtenir un glaçage fluide. Incorporez 1,5 cuillerée à café d'huile et mélangez.

• Pour ces cake pops présentés à l'envers, trempez le bout de 8 bâtons de sucettes dans le glaçage jaune, piquez-les sur le dessus des boules (sans les manipuler) et laissez durcir 3 minutes. Plongez les boules dans le glaçage pour les enrober. Laissez couler l'excédent en tapotant sur les sucettes, reposez-les sur le papier sulfurisé (bâtons en l'air) et parsemez de quelques billes jaunes.

• Procédez de la même façon pour enrober 8 autres boules de Candy Melts rose mélangé à 1,5 cuillerée à café d'huile et parsemez-les de billes roses. Même chose pour les 8 dernières boules avec le Candy Melts vert mélangé à 1,5 cuillerée à café d'huile (décor de billes vertes). Réfrigérez les sucettes 1 heure, puis posez chacune dans une caissette. Servez-les en dessert, sur un buffet ou au *tea time*.

Petit + *Avec un glaçage au chocolat noir, ces cake pops sont également délicieux.*

Cake pops « Mister Florentin »

Pour 16 cake pops
Préparation : 40 min
Cuisson : 32 à 34 min
Réfrigération : 1 h
Repos : 3 h

300 g de crème fraîche épaisse à 30 %

100 g de sucre en poudre

40 g de miel liquide

100 g d'amandes effilées

100 g de macédoine de fruits confits

40 g de noisettes

250 g de chocolat noir

2 cuill. à café d'huile neutre

16 bâtons de sucettes

Pour le décor

Des cœurs blancs en sucre et des boules croustillantes blanches

• Dans une casserole, chauffez doucement le sucre, le miel et 1 cuillerée à soupe d'eau. Aux premiers bouillons, ajoutez la crème, la macédoine finement hachée au couteau, les noisettes concassées et les amandes. Faites cuire environ 10 minutes à frémissements sans cesser de mélanger jusqu'à ce que vous obteniez une pâte épaisse, collante et légèrement dorée.

• Préchauffez le four à 210 °C (th. 7). Sur la plaque du four garnie de papier sulfurisé, déposez 16 cuillerées à soupe de pâte bien espacées, étalez-les en disques de 6 à 7 cm et enfournez 12 à 14 minutes. Les florentins doivent être joliment dorés, caramélisés sur les bords mais moelleux à cœur.

• Laissez refroidir 3 minutes, puis décollez-les, roulez-les à chaud en boules biens rondes entre vos paumes et posez-les sur du papier sulfurisé. Pour ces cake pops down (présentés à l'envers), piquez les bâtons de sucettes sur le dessus des boules (sans les manipuler) et refermez bien les boules autour. Réfrigérez 1 heure.

• Faites fondre au bain-marie, dans un bol étroit, le chocolat avec l'huile. Plongez-y les boules pour les enrober (maintenez-le au bain-marie pendant l'opération). Positionnez-les sur le côté, laissez couler l'excédent en tapotant sur les sucettes et reposez-les sur le papier sulfurisé (bâtons en l'air).

• Au fur et à mesure, collez sur chaque boule 2 cœurs l'un en face de l'autre (pointe contre pointe qui se chevauchent légèrement) pour faire les nœuds papillon, et en dessous, en alignement, collez 2 à 3 boules blanches pour symboliser les boutons. Laissez sécher 3 heures à température ambiante avant de croquer « Mister Florentin ».

Petit + *Avant d'enrober les boules de chocolat, vérifiez que tous les bâtons de sucettes tiennent suffisamment. À défaut, retirez-les, trempez leur bout dans le chocolat, repiquez-les au même endroit dans les boules et laissez durcir 5 minutes.*

LES PETITS + GOURMANDS

C'est du gâteau !!!

Le gâteau, c'est la base des cake pops. Il faut donc y apporter un soin particulier. Ceux du commerce peuvent, certes, être utilisés mais rien de tel que les gâteaux « home made », à la texture et aux saveurs incomparables (préparez-les la veille et réalisez les cake pops avec des biscuits totalement refroidis). Pour créer vos propres cake pops, parfumez-les à volonté (café, vanille, citron, fleur d'oranger, épices), mélangez-les à un liant (mascarpone, carrés frais, beurre de cacahuètes) et enrobez-les de chocolat.

Quatre-quarts

Pour 450 g : préchauffez le four à 180 °C (th. 6). Faites fondre 120 g de beurre. Battez 2 gros œufs (120 g) et 120 g de sucre en poudre aux fouets électriques pour qu'ils doublent de volume (5 minutes). À la cuillère en bois, incorporez 1 cuillerée à soupe de vanille liquide, le beurre fondu froid, puis 120 g de farine tamisée avec ½ sachet de levure et 1 bonne pincée de sel. Versez dans un moule à manqué (20 cm) beurré et enfournez 30 minutes.

Gâteau au yaourt

Pour 700 g : préchauffez le four à 160 °C (th. 5-6). Dans un saladier, versez 125 g de yaourt nature, 240 g de farine, 200 g de sucre en poudre, 1 sachet de levure, 10 cl d'huile et 3 gros œufs. Mélangez aux fouets électriques pour obtenir une pâte lisse homogène. Versez dans un moule à manqué (24 cm) beurré et fariné. Enfournez 35 à 40 minutes.

Biscuits à la cuillère

Pour 140 g : préchauffez le four à 150 °C (th. 5). Séparez les blancs des jaunes de 2 gros œufs. Battez les jaunes et 20 g sucre en poudre. Montez les blancs en neige, ajoutez 40 g de sucre en poudre et fouettez à nouveau. Mélangez délicatement jaunes et blancs. Incorporez 40 g de farine tamisée sans trop travailler la pâte. Sur une plaque garnie de papier sulfurisé, formez 14 biscuits à la poche à douille (ou cuillère à soupe), en les espaçant. Parsemez de sucre glace et enfournez 15 à 20 minutes.

Gâteau au chocolat noir intense

Pour 510 g : préchauffez le four à 180 °C (th. 6). Faites fondre 150 g de chocolat noir à pâtisser avec 100 g de beurre au bain-marie. Battez 2 gros œufs et 120 g de sucre en poudre. Incorporez le chocolat fondu, puis 60 g de farine tamisée avec 1 cuillerée à café de levure. Versez dans un moule à manqué (20 cm) beurré et fariné. Enfournez 25 minutes.

American white cake

Pour 1,170 kg : préchauffez le four à 150 °C (th. 5). Aux fouets électriques, battez 350 g de sucre en poudre et 125 g de beurre mou. Incorporez 4 blancs d'œufs, un à un, en fouettant. Ajoutez 450 g de farine, ½ sachet de levure et 1 pincée de sel. Mélangez 12,5 cl de lait et 125 g de yaourt brassé nature (ou utilisez 25 cl de lait ribot), puis incorporez peu à peu à la pâte. Versez dans un moule à manqué (24 cm) beurré et fariné. Enfournez 55 minutes. La lame d'un couteau doit ressortir sèche.

Atelier Déco

Avant de régaler les papilles, il faut flatter l'œil. Et là, les cake pops sont champions ! Pour vous amuser côté déco, vous trouverez tout l'éventail nécessaire pour faire de vrais chefs-d'œuvre dans les boutiques spécialisées et sur les sites Internet de décorations pour gâteaux : sprinkles, stylos alimentaires, bâtons de sucettes (différentes tailles et couleurs), sachets, présentoirs, supports, ainsi que les Candy Melts, ces fameuses pistoles de chocolat colorées et aromatisées à la vanille (attention, la surchauffe rend ce glaçage cassant). Bonbons, sucres colorés (voir p. 42, à décliner de toutes les couleurs), moules à cake pops (cupcakes, cœurs) et autres emporte-pièces donneront également du peps à vos sucettes.

Encore une petite sucette ?

Cake pops au Baileys

Pour 12 cake pops : émiettez 140 g de biscuits à la cuillère. Incorporez 80 g de St Môret®, 10 g de sucre glace et 4 cl de Baileys. Formez 12 boules et réfrigérez 1 heure. Faites fondre au bain-marie dans un bol étroit 100 g de chocolat noir avec 1 cuillerée à café d'huile. Enrobez-en les sucettes et réfrigérez 2 heures.

Cheesecake pops à la vanille

Pour 24 cake pops : préchauffez le four à 150 °C (th. 5) avec un plat rempli d'eau chaude. Aux batteurs électriques, fouettez 380 g de St Môret®. Incorporez 140 g de sucre en poudre, 1 pincée de sel, les graines d'une gousse de vanille, 15 g de farine, 2 œufs entiers et 1 jaune, 20 g de crème entière épaisse et les zestes d'un citron râpés. Mélangez à chaque ajout. Versez dans un moule à manqué (20 cm) beurré et fariné. Placez-le dans le bain-marie et enfournez 25 minutes. Laissez 30 minutes dans le four éteint, porte entrouverte, puis laissez refroidir hors du four. Réfrigérez une nuit. Avec deux cuillères, formez 24 tas de cheesecake sur une plaque garnie de papier sulfurisé. Congelez 1 heure. Façonnez les tas en boules, roulez-les dans 100 g de spéculoos réduits en poudre et congelez 1 heure. Faites fondre au bain-marie dans un bol étroit 200 g de chocolat noir avec 2 cuillerées à café d'huile. Enrobez-en les sucettes et réfrigérez 2 heures.

Index des recettes

Équivalences et mesures

1 cuill. à soupe =
15 g de sucre, farine, beurre
12 g de crème fraîche, d'huile
3 cl de liquide
3 cuill. à café

1 cuill. à café =
5 g de sel, d'huile, de sucre, de farine
7 g de beurre
0,5 cl de liquide

1 noisette de beurre =
4 g

1 pincée de sel =
3 à 5 g

1 morceau de sucre =
5 g

Températures du four
Th. 3 = 90 °C
Th. 4 = 120 °C
Th. 5 = 150 °C
Th. 6 = 180 °C
Th. 7 = 210 °C
Th. 8 = 240 °C

Nutella®
Chaussons & empanadas
Cheesecakes
Cupcakes
Tajines gourmands
Muffins sucrés & salés
Découvrez le catalogue des éditions Solar sur : **www.solar.fr**
Testez chaque jour une nouvelle recette sur www.solar.fr rubrique « Club des Gourmands ».
Échangez avec des auteurs, blogueurs et autres gourmands sur notre page Facebook où des surprises vous attendent :
www.facebook.com/ClubDesGourmandsSolar
Verrines nouvelles
Spéculoos
oque-monsieur
Raclettes
Hamburgers
Bricks
Moelleux sucrés & salé
Quiches
Cookies sucrés & salés
Macarons
Clafoutis
Wraps
Bagels
Ravioli
Chips légumes & fruits
Petits biscuits
SOLAR EDITIONS